VIE

DE

SAINT PAVACE

EVÊQUE DU MANS

PERMIS D'IMPRIMER

Sens, le 5 mai 1890

✠ V. F. Cardinal BERNADOU

Archevêque de Sens

VIE

DE

SAINT PAVACE

EVÊQUE DU MANS

PATRON SPÉCIAL DE LA VILLE DE

CHATEAU-RENARD

(DIOCÈSE D'ORLÉANS)

IMPRIMERIE DE SAINTE-ALPAÏS
A CUDOT-SAINTE-ALPAÏS (YONNE)

1890

SAINT PAVACE TERRASSANT LE DRAGON
(Reproduction d'un tableau.)

VIE

DE

SAINT PAVACE

Evêque du Mans (1)

I

Le siècle qui fut témoin des grands mystères de la Rédemption des hommes, accomplie par l'Incarnation et l'Immolation d'un Dieu fait homme, approchait de sa fin, lorsque saint Clément, troisième successeur de saint Pierre (91—100), envoya de nouveaux missionnaires dans les Gaules pour les retirer des ténèbres de l'idolâtrie, et faire luire à leurs yeux l'admirable lumière de la foi.

Au nombre de ces messagers divins se trouvaient saint Julien, revêtu du caractère épiscopal, Saint Thuribe qui était prêtre, et saint Pavace qui était diacre. La Providence les destinait à être les apôtres

(1) Cette vie de Saint-Pavace n'étant qu'un extrait de l'HISTOIRE DE L'EGLISE DU MANS, par **Dom Paul Piolin**, pour ceux qui désirent connaître les sources, il suffira d'indiquer les pages de cet ouvrage. T. I. p. 11, 15, 19, 21, 45, 95. 112, 123, 130.

du pays que l'on nomma depuis le Maine et qui était habité alors par les Cénomans, les Diablintes, les Erviens ou Arviens et autres populations moins considérables.

Soutenus par la force du ciel, remplis de vertus héroïques et doués du don des miracles, les trois envoyés de saint Clément réussirent à convertir une grande partie de la population dans laquelle ils implantèrent profondément les principes du Christianisme. Il est à croire, du reste, qu'ils eurent avec eux dès l'origine des coopérateurs d'un rang inférieur, mais actifs et zélés comme saint Romain et sainte Julia. Ce ne fut point néanmoins sans essuyer des persécutions et soutenir de pénibles contradictions que ces hommes apostoliques obtinrent de si heureux succès. Mais que leur reste-t-il des tribulations qu'ils endurèrent? Un degré de gloire de plus dans le ciel.

Saint Julien gouverna l'église du Mans durant quarante-sept ans environ.

Saint Thuribe lui succéda et se montra le digne continuateur du bienheureux apôtre. Son épiscopat fut de cinq ans.

II

Saint Pavace (1) remplissait des fonctions importantes dans l'Eglise du Mans, sous l'épiscopat de saint Thuribe.

Après avoir été ordonné diacre par saint Julien, il avait probablement été élevé au sacerdoce par son successeur, et avait rempli près de cet évêque les mêmes fonctions que celui-ci avait exercées près de notre premier apôtre.

La doctrine et la pureté de mœurs que saint Pavace fit paraître dans l'exercice de ses fonctions, l'avaient rendu agréable à tous les fidèles qui composaient l'Eglise des Cénomans, et elles attirèrent sur lui leurs vœux et leurs suffrages, quand il fallut choisir un pasteur pour tenir la place de saint Thuribe (2). Pavace se montra héritier du zèle de ses prédécesseurs pour la propagation de la foi, et les merveilles qui avaient répandu tant d'éclat sur leur carrière pastorale, illustrèrent aussi la sienne. Nous devons nous attendre à le connaître surtout par les miracles qu'il opéra, parce que l'esprit peu cultivé encore des populations auxquelles il adres-

(1) On dit aussi : PAVAS, PAVAT, PAVAIS, et PAVIN.

(2) Qui (Pavacius) disciplinam Apostolorum secutus, ita morum ornamentis florebat, ut cunctis bonis placeret. (*Acta Sanctorum, ad diem XXIV julii, vita sancti Pavacii, num. 1.*)

sait ses instructions, était principalement accessible à ces merveilles, dont la mémoire restait comme un argument invincible en faveur de la nouvelle doctrine.

On ne recueillit même qu'un petit nombre des miracles opérés par notre saint évêque, et il en avait déjà fait plusieurs, lorsqu'arriva l'évènement que nous allons rapporter.

Une femme chrétienne et riche nommée Casta, accablée de plusieurs maladies à la fois, avait dépensé sa fortune à rechercher du soulagement à ses maux, et avait enfin perdu tout espoir dans les remèdes humains. Dans cet état désespéré, elle entendit parler des guérisons miraculeuses que le saint évêque avait procurées à plusieurs malades, et elle désira éprouver elle-même la charité du serviteur de Dieu. Elle se fit porter par ses parents et ses amis au lieu où se trouvait Pavace, et, dès qu'elle fut en sa présence, elle sentit son espérance redoubler; elle lui exposa ce qu'elle attendait de sa pitié; il pria pour elle, lui adressa aussi quelques saintes instructions, et elle fut guérie de son mal. En reconnaissance de ce bienfait elle donna à l'Eglise ce qui lui restait de fortune, et prit la résolution de mener désormais une vie plus sainte (1).

(1) Nominatim autem res quas ei (Pavacio) tradidit, in Gestis Pontificalibus, inscriptæ esse dignoscuntur. Ideo hic non inseruntur. *(Vita sancti Pavacii, num. 2.)*

Cette guérison eut un grand éclat, et elle attira vers le saint évêque une multitude de malades qui venaient aussi lui demander le soulagement de leurs douleurs. De ce nombre fut un paralytique, perclus de tous ses membres; lui aussi avait vainement essayé tous les secours offerts par la médecine. Il vint trouver Pavace avec une grande confiance d'obtenir sa guérison; il resta plusieurs jours près de lui, sans toutefois ressentir encore la puissance du saint évêque; cependant celui-ci priait toujours à cette intention, il offrit même pour obtenir la grâce qu'il demandait, le saint Sacrifice; enfin Dieu exauça les prières de son serviteur et la confiance du malade, qui fut entièrement guéri.

Après avoir rendu la santé à ce paralytique, Pavace l'engagea à se consacrer au service de Dieu pour le reste de ses jours. Cet homme répondit à cette vocation, et Pavace le fit instruire de la doctrine chrétienne, avec plus d'étendue que le commun des fidèles; il n'oublia rien de son côté pour le faire entrer dans la connaissance des dogmes sacrés, car c'est ainsi que pendant plusieurs siècles, les premiers évêques présidaient eux-mêmes à l'école catéchismale, et que la doctrine que saint Julien avait reçue des apôtres et enseignée le premier, s'y conservait vivante (1).

(1) Cui (paralytico) et majora dona largitus est et domino

III

Bientôt les merveilles qu'opérait Pavace furent connues non-seulement dans la contrée qui en avait été témoin mais encore dans les pays voisins; elles réjouirent et affermirent dans la foi les nouveaux fidèles.

Il obtint par ses prières une grâce beaucoup plus signalée encore. Une peste causée par la corruption de l'air, décimait la population dans tout le territoire des Cénomans, le saint évêque fut vivement ému de ce malheur, et il recourut à la prière pour fléchir le courroux de Dieu; il joignit le jeûne à l'oraison et fut enfin exaucé. La peste cessa, et non-seulement les fidèles, mais encore tout ce qu'il restait d'infidèles dans le pays, lui fut redevable de son salut.

Peu de temps après cet évènement, un serpent d'une grandeur et d'une férocité prodigieuses parut dans la contrée. Telle était la terreur que répandait ce terrible animal, que tous les villages voisins de son repaire voyaient leurs habitants s'enfuir, et chercher plus loin un asile moins dangereux. Ce

Jesu Christo diebus vitæ suæ servire præcepit, qualiter ei servire deberet, sapienter instruxit. Hæc autem nota facta sunt per totum pagum illum, sive per alias regiones, et omnes credentes in fide confirmati sunt et Deo gratias egerunt. (*Vita Sti Pavacii, num. 4*).

monstre n'épargnait ni les hommes ni les animaux; l'air même était infecté de son souffle pestilentiel. La terreur chaque jour croissante arrêtait les hommes les plus courageux, et nul n'osait approcher du lieu qui lui servait de retraite. Pavace seul se montra sans crainte; il alla à la caverne du dragon, le terrassa par la force du signe de la croix, l'enlaça dans les plis de son étole, puis il fit approcher les fidèles qui l'avaient suivi, mais qui s'étaient arrêtés à distance, retenus par l'effroi. L'aspect seul du serpent, tout terrassé qu'il était, les glaçait encore d'épouvante: le saint les força d'approcher, voulant qu'ils fussent témoins du prodige. Mais là ne se borna pas la merveille: Pavace se mit en prière, la terre s'entr'ouvrit, et le monstre disparut pour toujours (1).

Plusieurs siècles après l'épiscopat de saint Pavace, on voyait encore une figure de ce monstre, et la représentation de tout ce que nous venons de raconter, dans le palais des évêques du Mans; le dragon était représenté avec des proportions gigantesques. De là est venu l'usage de peindre notre saint évêque tenant un dragon enchaîné dans les plis de son étole. Il le conduit par la main gauche, et dans la main droite il tient un aspersoir avec lequel il répand de l'eau bénite.

(1) *Vita sancti Pavacii, num.* 5 et 6.

Quoique l'existence de monstres semblables au serpent dont nous parlons semble historiquement démontrée, des savants aiment mieux y voir un symbole de l'erreur vaincue par l'ami de Dieu.

D'après ce sentiment, le serpent ou dragon de saint Pavace attesterait que le saint Pontife aurait puissamment travaillé à détruire les restes de l'idolâtrie dans le Maine. C'est d'ailleurs un fait incontestable.

IV

Pavace fit encore un miracle signalé en faveur de deux jeunes gens, fils d'un homme puissant chez les Cénomans, nommé Bénédictus, et de sa femme qui avait nom Lopa. Ces jeunes gens étaient réduits à l'extrémité par une fièvre violente, et leurs parents étaient au désespoir; ils eurent recours au saint évêque dont ils connaissaient le pouvoir miraculeux, car ils avaient déjà embrassé la foi chrétienne, et ils le supplièrent de venir visiter leurs enfants mourants. Le saint se rendit à leurs vœux; dès qu'il fut arrivé, il fit sur les deux jeunes malades le signe de la croix, et leur frotta la tête d'huile bénite; à l'instant même ils se trouvèrent guéris.

Ces heureux parents ne sachant comment témoigner à Dieu et à son ministre toute leur reconnaissance, offrirent leurs enfants eux-mêmes à Pavace, pour qu'il les élevât dans la cléricature. Ils y joignirent leurs biens, qu'ils voulaient donner à l'Eglise pour subvenir aux besoins du culte, et à l'entretien de ses ministres, des frères c'est-à-dire des chrétiens qui se trouvaient dans la nécessité, et de tous les malades et les pauvres dont l'Eglise se chargea dès son origine. C'est ainsi que par la nature même des choses, l'instruction de la jeunesse et le soin des malades passaient entre les mains du clergé.

Bénédictus et Lopa ajoutèrent encore à tous ces dons un sacrifice plus grand, car ils se consacrèrent eux-mêmes au service de l'Eglise, entre les mains de l'évêque. Ce genre de dévoûment qui devint si commun dans la suite n'était pas inconnu aux premiers siècles du christianisme (1).

La Providence sembla prendre plaisir à répandre la réputation de Pavace bien au-delà des limites du pays des Cénomans, des Diablintes et des Arviens. Un habitant du pays des Angevins (Andegaves) travaillant à la moisson, au milieu de la campagne, et s'étant couché à terre pour reposer quelque temps, un reptile s'introduisit subtilement dans son corps: aussitôt ce malheureux éprouva d'effroyables douleurs, et on eut beau appeler les médecins, ils ne purent le soulager. Cet homme était chrétien, il mit tout son espoir dans le Dieu qu'il adorait et il se fit conduire dans l'oratoire que les premiers apôtres des Andegaves avaient consacré à Dieu en l'honneur de saint Jean-Baptiste, sous les murs de la ville. Il resta là quelque temps, espérant sa gué-

(1) . . . . . Denique vero, concilio sancti Pavacii, voverunt prædictos pueros pater et mater Domino; et in ordine Deo servientium petierunt ordinari, et, si digni flerent, volvente tempore, consecrari. Ad ultimum autem, et se ipsos Domino voverunt, et in manibus jam dicti sancti Pavacii se tradiderunt. Et omnes res et possessiones suas et divitias sancto Pavacio ecclesiæque sibi commissæ legaliter tradiderunt . . . . . *Vita sancti Pavacii. num. 13.*

rison. Une nuit qu'il y était en prière, le sommeil s'empara de lui et pendant son repos il reçut ordre du ciel d'aller trouver Pavace, l'évêque des Cénomansqui devait lui rendre la santé. Ce malheureux se hâta de venir se jeter aux pieds du saint prélat qui le guérit en présence de beaucoup de personnes, ayant fait sur lui le signe de la croix (1).

Saint Pavace chargé d'années et de travaux cessa

(1) *Vita sancti Pavacii, num. 13, 15, 16.* — Cette histoire semble au P. Henschenius, *Acta sanctorum ad diem XIV aprilis, de sancto Thuribio, num. 5,* une preuve que l'épiscopat de saint Pavace n'est point antérieur à la paix de l'Eglise; mais cette induction n'est pas très solide, car d'abord il est constant que les chrétiens avaient des églises longtemps avant Constantin, même dans les Gaules, et ces églises étaient connues de tout le monde. D'un autre côté, en admettant que l'évêque Défenseur, dont Sévère Sulpice parle dans la vie de saint Martin, eût été le premier évêque d'Angers, il ne s'en suit pas nécessairement que l'Evangile n'eût pas été déjà annoncé dans cette cité, et qu'un petit nombre de fidèles n'y conservât le fruit de la prédication chrétienne. En effet, dans la plupart des éditions des actes de saint Firmin, on lit que ce saint martyr vint à Angers vers la fin du 1er siècle, qu'il y resta quinze mois occupé à prêcher Jésus-Christ, et qu'il y convertit plusieurs infidèles.- *Maceda, de celeri propagatione Evangelii, page 43.* — Si pour fortifier cette objection contre notre système chronologique on disait que la destruction de l'idolâtrie est clairement indiquée par la mort de cet énorme serpent que saint Pavace terrassa, il serait facile de répondre que l'auteur des actes de notre saint a bien pu désigner par cette allégorie les triomphes personnels du saint évêque, et d'ailleurs il n'est pas démontré que ce récit soit allégorique.

de vivre le neuvième jour avant les calendes d'Août(1). Son corps fut enseveli par les disciples qu'il avait formés, dans la basilique des Saints-Apôtres, au cimetière des chrétiens, c'est-à-dire dans l'église qui fut depuis l'église abbatiale du Pré et qui est présentement paroissiale. Il reposait près de ses deux prédécesseurs, à la gauche de saint Julien. La puissance des miracles dont Dieu avait honoré tout le cours de son épiscopat ne s'éteignit point avec sa vie; après qu'il fut descendu dans la tombe, les peuples continuèrent à venir l'implorer, et ressentirent les heureux effets de son intercession.

On attribue à notre troisième évêque, l'érection d'un petit nombre d'églises dans des villages dont voici les noms: Roézé, ou selon d'autres Rouez, Désertines, Cossé, Coulans, Cirail au pays des Diablintes (2), Ruillé, Madré, Argentré, Souligné.

Saint Pavace gouverna, dit-on, pendant quarante-trois ans l'Église du Mans, mais il est probable que ce nombre n'est pas exact.

(1) Le 21 juillet.

(2) Cette paroisse est aujourd'hui réunie au diocèse de Séez.

V

Le corps de saint Pavace reposa dans la crypte de l'église abbatiale dite d'abord des Saints-Apôtres, puis de saint Julien du Pré. C'est là que les pèlerins venaient implorer son secours; mais son culte existait aussi dans l'église cathédrale où dès l'année 835, saint Aldric consacrant un autel aux saints confesseurs, inscrivit au-dessus le nom de saint Pavace.

Peu de temps après, la crainte des incursions des Normands et des Bretons obligea saint Aldric à transporter à l'intérieur des remparts, et dans l'église cathédrale elle-même, les reliques des bienheureux qui jusqu'alors avaient reposé dans la basilique du Pré, au-delà de la rivière de la Sarthe. Cette translation se fit de la manière la plus solennelle, et saint Pavace eut part à ces honneurs.

Il eut part aussi aux hommages que l'on rendit en Westphalie à saint Liboire, évêque du Mans et patron de la ville de Paderborn, car lorsque les députés de cette ville vinrent au Mans demander les reliques d'un saint pour aider à la conversion du pays, l'évêque du Mans ajouta au corps de saint Liboire quelques reliques de saint Pavace et d'autres amis de Dieu.

Les actes de saint Aldric, écrits par ses disciples

et les témoins de sa vie, disent que ce grand évêque renferma le corps de saint Pavace dans une châsse précieuse avec un bras de saint Liboire qu'il avait réservé, et qu'il enrichit de ce trésor l'abbaye de Saint-Sauveur fondée par lui non loin de la ville du Mans. Ce sanctuaire fut ruiné comme tant d'autres au cours du neuvième et du dixième siècle; au lieu qu'il occupa se trouve un bourg peu considérable, mais l'église conserve extérieurement les traces d'un appareil fort ancien, antérieur sans doute au onzième siècle. Ce lieu qui se nommait le Breuil avant l'établissement de l'abbaye de Saint-Sauveur, a porté depuis et retient encore le nom de Saint-Pavace.

La ruine du monastère amena la disparition des reliques du saint évêque; elles furent transportées en Angleterre, mais on ignore comment s'accomplit ce fait. Ce qu'il y a de très remarquable, c'est que les procès-verbaux de reconnaissance dont nous parlerons, mentionnent tous quelques ossements de saint Liboire.

Vers le milieu du dixième siècle, un chevalier nommé Bouchard, fils du duc Albéric, reçut en don du roi anglais Edred (946—955) le corps de saint Pavace et le rapporta en France. Il fonda pour conserver ce dépôt précieux l'abbaye de Saint-Sauveur de Bray-sur-Seine non loin de Provins.

EGLISE DE CHATEAU-RENARD

L'établissement de ce sanctuaire fut approuvé par Hildemann, archevêque de Sens (954—959), et par le roi Louis IV, dit d'Outre-mer.

Peu d'années après le comte de Sens, Renard ou Renaud, dit le Vieux, s'empara de la forteresse de Bray-sur- Seine, y mit le feu et réduisit en cendres l'abbaye et l'église, mais il eut soin de faire enlever à temps les reliques de saint Pavace et les rapporta à Sens. La forteresse de Château-Renard ayant été fondée au bout d'un petit nombre d'années, et l'église de Saint-Etienne ayant eu une origine simultanée, le comte enrichit ce sanctuaire du trésor précieux dont il s'était emparé. Il en détacha une partie qu'il confia aux bénédictins de l'abbaye de Bethléem ou Notre-Dame de Ferrières, mais la partie de beaucoup la plus considérable fut attribuée à Château-Renard.

Grâce aux miracles que saint Pavace opéra dès le commencement, les habitants de la nouvelle ville et de toute la contrée ne tardèrent pas à proclamer que le ciel leur avait envoyé un puissant protecteur. Leur dévotion envers saint Pavace ne s'est jamais démentie, et le diocèse de Sens tout entier l'invoque comme l'un de ses avocats près de Dieu, (Bréviaire de 1625). Aussi son nom est souvent reproduit dans les actes de baptême.

Les clients de saint Pavace l'invoquent dans tous

leurs besoins, mais spécialement contre l'épilepsie et la peur. C'est surtout à raison de cette dernière infirmité que parmi les nombreux membres de la confrérie instituée en son nom, on compte une grande quantité d'enfants.

Il n'est pas hors de propos de rapporter ici ce qui nous reste d'une hymne composée en l'honneur de saint Pavace par un auteur inconnu.

Se totum ovibus
Dantem Pavacium
Duris laboribus
Cedere nescium;
Laude celebremus.

Pavace se donnait tout entier à ses brebis, et ne reculait devant aucun labeur; célébrons ses louanges:

Quam promulgaverat
Quibus commissus est
Quam vere sanxerat
Fide testatus est
Assertor strenuus.

Cette foi qu'il avait propagée, qu'il avait solidement affermie parmi ceux dont il avait la charge il lui rendit témoignage, et la confessa avec un courage intrépide.

Divûm fallaciam
Ridet et indicat
Tonantis gloriam
Cœlis et vindicat
Sacris elogiis,

Il tourne en dérision l'inanité des faux dieux, il décrit la gloire de celui qui fait retentir son tonnerre dans les cieux et la consacre par de pieux éloges.

Infirmas medicis
Opes expanderat,
Precum Pontificis
Vis sola liberat,
Fide prædivitum
Securus vincere.

Les moyens qu'il employait sont bien faibles aux yeux des médecins: c'est par la seule force de ses priéres si pleines de foi, que le Pontife opérait des guérisons, assuré qu'il était du succès.

Nefandis populis
In pœnam scelerum
Draconem oculis
Ore flammigerum
Deus exsuscitat;

Pour punir les forfaits d'un peuple criminel, Dieu suscite un dragon dont la bouche et les yeux lancent des flammes ardentes;

Malis prementibus,
Pastorem adit grex,
Turbis trementibus,
Accedet Pontifex . . . .
Securus vincere.

Dans ce danger pressant, le troupeau va trouver son Pasteur. Le Pontife s'avance vers cette foule remplie d'effroi; il est sûr du succès.

VI

Le lecteur ne sera pas fâché non plus de rencontrer ici ce que Dom Guillaume Morin rapporte de saint Pavace et de son culte à Château-Renard(1).

« L'on a en très grand honneur et vénération saint Pavace pour une chose miraculeuse arrivée en la ville de Château-Renard; car un certain habitant s'étant emparé des reliques du saint furtivement, et les ayant cachées secrètement en sa maison, les malades qui venaient pour réclamer saint Pavace en l'église, à leur retour, en passant devant la maison où étaient les dites reliques, ils s'arrêtaient tout court en criant: « Pavace, Pavace, » ce qui étant arrivé à plusieurs diverses fois, les habitants prirent soupçon que les dites reliques avaient été dérobées par le maître profane et sacrilège de cette maison, et trouvèrent les reliques, lesquelles en tout honneur, furent portées en la dite église parochale de Saint-Etienne où elles sont encore aujourd'hui en une châsse, et y sont en grande vénération par ceux qui sont touchés du mal caduc ».

« Les miracles qui se font par l'intercession de saint Pavace, ajoute l'historien, sont en nombre infini qui seraient trop longs à réciter; seulement dirai-je ce que j'ai appris d'un religieux natif du

(1) *Histoire générale du Gâtinais, par Dom Guillaume Morin, Grand Prieur de l'abbaye de Ferrières, in-4°, 1630, pages 196 et 197.*

dit lieu de Château-Renard, nommé le père Finet, et qui dit avoir vu et être à la connaissance de tout le peuple circonvoisin, que prêchant l'Avent et le Carême au dit lieu de Château-Renard, un jour se trouvant là, voulant, par dévotion, avec tous ses compatriotes, accompagner la procession à Châtillon-sur-Loing, il vit comme les châsses de saint Pavace et de sainte Potentienne se joignirent ensemble par leur propre mouvement, sans aucun aide humain, demeurant les dites châsses collées et unies ensemble, se donnant un baiser d'amour pendant l'espace d'une heure, et pouvaient dire les assistants: *Hæc est vera fraternitas quæ non potuit violari*, ayant été joints par affinité temporelle en ce monde, étaient faits une affinité spirituelle en paradis ».

De temps immémorial en effet, chaque année le lundi de la Pentecôte, le clergé et les habitants de la ville de Château-Renard se rendaient en procession à l'église collégiale de Châtillon-sur-Loing, portant à leur tête la châsse des reliques de saint Pavace. En retour, le 3 août, jour de l'Invention du corps de saint Etienne, patron de l'église de Château-Renard, le chapitre et les habitants de Châtillon allaient processionnellement visiter l'église de la ville voisine, avec la châsse et les reliques de sainte Potentienne, leur patronne. Lorsque la procession de l'une des deux paroisses approchait, le clergé et les habitants de l'autre allaient à sa rencontre, et, au retour, ils l'accompagnaient encore quelque temps avec leurs saintes reliques. Cette pieuse coutume a subsisté jusqu'à la révolution de 1790.

Or le 6 juin 1661, le lendemain de la Pentecôte, la procession de Château-Renard s'approchait de Châtillon lorsqu'elle fut rencontrée par la procession qui venait au-devant d'elle. Aussitôt les châsses commencèrent à s'incliner l'une vers l'autre et se donnèrent de tels mouvements, que tous ceux qui formaient le cortège furent obligés de suspendre leur marche. Ces mouvements se prolongèrent durant trois quarts d'heure et furent constatés par quinze cents personnes au moins qui étaient présentes. Un procès-verbal fut dressé pour constater le fait, et fut signé par les personnes les plus notables. L'original de cet acte existe encore à Châtillon-sur-Loing.

Déjà vers 1630 un fait analogue avait eu lieu, et un protestant, Noël Bon qui en fut témoin très attentif, se convertit au catholicisme (1). Les Bollandistes rapportent ces mêmes faits en traitant de la vie de saint Pavace (2).

Sans vouloir sonder les desseins de Dieu il est

(1) Dom Morin, *ouvrage cité p.* 213—Bourgon, *Ste Potentienne* p. 57.
(2) *Acta Sanctorum Boll. Juillet, t, V. p. 545.*

permis de penser que ces événements si éclatants aux yeux de tous, arrivaient dans un but de miséricorde pour retirer de l'erreur les protestants encore nombreux dans ces parages, par suite des funestes influences des Coligny. En même temps ces prodiges affermissaient les catholiques dans leur croyance, et échauffaient la dévotion du peuple envers le saint évêque du Mans. A Château-Renard on célébrait même trois fois par an des fêtes en l'honneur de saint Pavace: le 15 juin, jour de la translation de ses reliques; le 24 juillet, jour de sa naissance au ciel; et le lundi de la Pentecôte. Ce dernier jour l'emportait en solennité: on appelait le 15 juin le petit saint Pavace, mais le lundi de la Pentecôte, on le nommait le grand saint Pavace.

Il y eut cependant des jours où les fidèles disciples de l'Eglise durent craindre pour la sûreté de leur précieux trésor. Lorsque l'hérésie de Calvin se répandit dans notre malheureux pays, la ville de Château-Renard se trouva plus menacée que d'autres, à raison de la proximité de Châtillon-sur-Loing, séjour des Coligny. Le mardi 3 novembre 1562, la ville fut prise par les Huguenots qui avaient juré une haine mortelle aux saints et à leur culte. Heureusement le prieur-curé, Pierre Prévost, avec une présence d'esprit admirable et un courage à toute épreuve, put, durant la nuit, ouvrir la châsse qui contenait les reliques de saint Pavace, en présence de ses vicaires, des marguilliers et autres personnes notables. Ces sacrées dépouilles furent renfermées dans des sacs; procès-verbal fut dressé, un lieu secret les cacha, et elles purent reparaître et être vénérées de nouveau après que l'orage fut dissipé. Ainsi que nous l'avons dit, il est toujours question de la relique de saint Liboire en même temps que de celles de saint Pavace.

Ce ne fut point malheureusement le dernier danger qui menaça les reliques de saint Pavace. Dès les premiers jours de 1790, l'église de Château-Renard fut pillée, et le curé François Protais, obligé de s'enfuir, se cacha dans les environs pour exercer son ministère.

Un jour une bande de révolutionnaires montent à l'église qui devait être transformée en magasin de tan, s'emparent de la magnifique châsse, et descendent à la première auberge qu'ils rencontrent. Elle était tenue par une respectable famille attachée au service de l'église. Là, ces impies se laissent aller à toute leur haine contre Dieu et ses saints, et jettent au feu le précieux trésor. La femme de l'aubergiste, excellente chrétienne, témoin du sacrilège, s'apercevant que ces forcenés, dans leur ivresse, ne se rendent plus compte de ce qui se passe, enlève du foyer les os calcinés avec les débris de châsse et les précieuses cendres, les met décemment dans des sacs de toile, et les cache dans sa maison jusqu'au jour où la paix se faisant relativement sentir à Château-Renard, cette pieuse femme restitue au curé le dépôt sauvé par ses soins.

L'authenticité des saintes reliques fut constatée le 15 août 1795, en présence de monsieur le curé Protais, de son clergé, et d'un nombre choisi de fidèles.

L'autorité diocésaine l'a confirmée depuis, en 1848, 1850, 1860 et en 1890.

Fidèle à ses anciennes traditions, le diocèse du Mans célèbre la fête de saint Pavace le 24 juillet, sous le rite double. Il a été heureusement suivi en cela par le jeune diocèse de Laval.

Par suite des troubles profonds que notre pays a subi depuis un siècle entier, le culte de saint Pavace avait souffert une sorte d'éclipse dans la ville et le territoire de Château-Renard; on ne remarquait guère que la fidélité avec laquelle les mères inquiètes pour leurs enfants sujets à la peur, venaient implorer le secours de saint Pavace, et faisaient pour cela sept fois le tour du petit monument qui renferme ses reliques trop oubliées.

Grâce à des événements récents, le culte du céleste protecteur qui fit durant tant de siècles la joie et le bonheur du pays, va reprendre un nouvel éclat.

Puissent les habitants de Château-Renard comprendre la grâce qui leur est offerte, et se montrer encore une fois dignes de leurs ancêtres!

PRIÈRE A SAINT PAVACE

Saint Pavace, pasteur fidèle, nous honorons vos vertus et vos services; nous nous réjouissons de la récompense dont le Seigneur a couronné vos mérites et vos infatigables travaux pour établir la foi; nous vous conjurons de prier le Seigneur de conserver, de raviver cette céleste lumière dans nos âmes et dans le peuple que vous avez adopté pour votre protégé. Ainsi-soit-il.

CANTIQUE A SAINT PAVACE

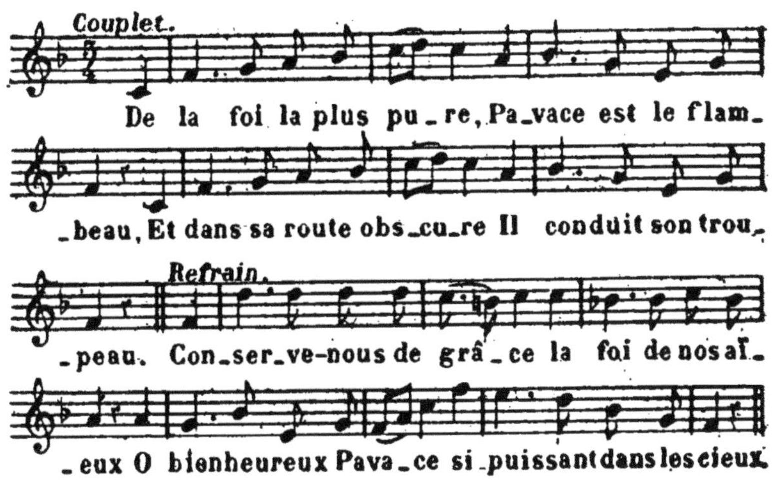

— 2 —
Apôtre plein de zèle
Tu prêches au saint lieu,
Et le peuple infidèle
Proclame le vrai Dieu.

— 3 —
A ta voix souveraine,
Et par un nom divin,
L'infirme dans la peine
Se relève soudain.

— 4 —
Ta ville fut coupable
Et Dieu pour la punir
Par un monstre effroyable
Veut la faire périr.

— 5 —
Ton cœur en sa tendresse
Et ce danger pressant,
S'émeut à la détresse
D'un peuple repentant.

— 6 —
Armé de la prière,
Vers le dragon brûlant,
Il marche,.. et dans la terre
Il l'engloutit vivant.

— 7 —
Pavace notre Père
A Rome eut son berceau,
Mais notre ville est fière
De garder son Tombeau.

DERNIER REFRAIN

Aujourd'hui le silence
Planant sur ce trésor,
Faitplace à l'espérance
De jours plus beaux encor!

www.ingramcontent.com/pod-product-compliance
Ingram Content Group UK Ltd.
Pitfield, Milton Keynes, MK11 3LW, UK
UKHW020520180726
13839UKWH00005B/2205